SYLVIE LOUBIÈRES

Dentelles en carton

Le Temps Apprivoisé
7, rue des Canettes
75006 Paris

Sylvie Loubières
« LE PHARE DES ELFES »
27, rue du Panier
13002 Marseille
Tél. : 06 03 16 19 09

PHOTOGRAPHIES

Charlie Abad

PHOTOGRAVURE

Leyre

CONCEPTION ET RÉALISATION GRAPHIQUE

Claire Dewasmes

Imprimé en France par Clerc

Dépôt légal : novembre 2003
ISBN : 2-283-58558-9

Préface

Poser un autre regard sur les choses cultive notre imagination. Je me suis intéressée au carton en tant que matière créative. Je me suis mise à couper le carton en fines lamelles, à le séparer en différentes couches pour faire apparaître ses ondulations et ses jours de dentelle.

Je décortique ses lamelles, les rapproche entre elles, les assemble, les remodèle en courbes.

Je jongle avec leurs différences pour voir naître cette dentelle.

Le carton est souple, il est aisé de le façonner à son gré, en spirales, boucles et ondulations. À plat ou sur la tranche, roulé sur lui-même, il crée de gracieuses volutes. Coupé en bandelettes et deshabillé de sa fine protection, il laisse apparaître des vaguelettes. Tassé et reconstitué, il donne à voir des pleins et des jours qui rappellent la dentelle raffinée de nos grands-mères.

Si on place une source de lumière sur l'arrière de l'objet, on obtient un bel effet d'éclairage :

- de jour, l'objet présente une surface pleine et en relief, comparable à un bois sculpté d'Orient ;
- de nuit, l'objet éclairé, laisse passer la lumière à travers ses volutes et ses cannelures ; il diffuse une ambiance tamisée comparable à d'insolite photophores indiens.

Il est ainsi difficile de reconnaître d'un premier coup d'œil la matière de l'objet fini.

Mon goût pour les couleurs a fait naître mon envie d'illuminer cette matière par des touches de jaune, celui des grains de maïs, d'orange, celui des lentilles corail... J'utilise aussi le rouge sombre et le noir des haricots, le blanc des galets trouvés au bord de l'eau, le nacré des coquillages.

Ma seule volonté est de détourner de façon créative cette matière : je réalise des objets utiles ou inutiles, simplement beaux, différents, originaux.

Ils seront d'autant plus précieux et uniques que vous les créerez vous-mêmes. Les réalisations présentées dans ce livre, seront, je l'espère, un tremplin pour vos propres créations.

Sylvie Loubières

MATÉRIEL DE BASE

- Tapis de coupe
- Règle plate de 80 cm de longueur
- Cutter et lames
- Ciseaux très pointus
- Équerre
- Pinceaux (1 rond, 1 plat)
- Chiffons
- Ruban adhésif
- Colles (Résine PVA ou colle à bois, colle contact, bâtons de colle)
- Pistolet à colle
- Papier kraft collant
- Papier de soie
- Raphia en pelote
- Rabane

FOURNISSEURS

- Graphigro
- Vacquier (Marseille)
- Rougier & Plé
- Le Géant

GRAINES UTILISÉES

- Maïs
- Pépins de melon, de pomme, de poire
- Graines de tournesol et d'eucalyptus
- Lentilles vertes et orange
- Pois chiches
- Haricots rouges et noirs
- Cocos blancs
- Flageolets
- Glands, etc.

COLLE UTILISÉE

La résine PVA (Polyvinyle d'acétate) est une sorte de liant qui donne un collage lent et évite les taches sur le carton.
Il forme au séchage une fine couche transparente de protection. La couleur blanche disparaît au séchage. Il est possible de remplacer la résine PVA par de la colle à bois.

La difficulté des créations est indiquée par une ou plusieurs étoiles (*), de facile (*) à plus difficile (***).

CARTONS UTILISÉS

- Carton ondulé ordinaire avec une surface lisse et le verso ondulé de différente taille et épaisseur.
- Carton de décor très fin en rouleau marron, blanc et doré.
- Carton de récupération (cartons utilisés pour les fruits et légumes fragiles).

PLAN DE COUPE DES DIFFÉRENTES ÉPAISSEURS DE CARTONS ONDULÉS.

> carton simple de 5 mm d'épaisseur,
1 ondulation, dit (CS * 0,5)

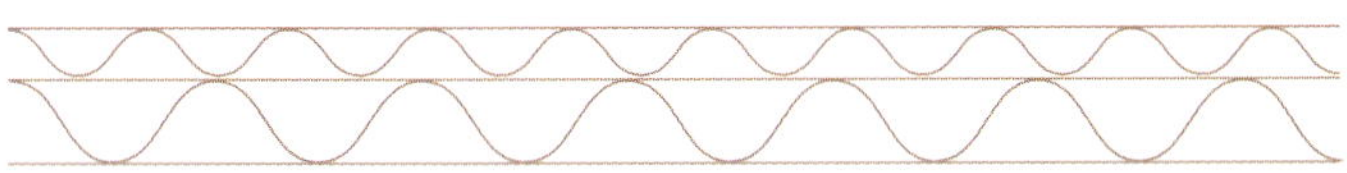

> carton double de 7 mm d'épaisseur,
2 ondulations, dit (CD * 0,7)

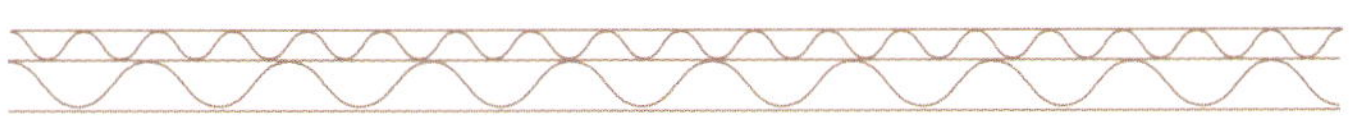

> carton double de 5 mm d'épaisseur,
2 ondulations, dit (CD * 0,5)

> carton ondulé en feuille (vendu en rouleau)
1 côté lisse, 1 côté ondulé :
à ondulations fines, dit (FC fine),
à ondulations moyennes, dit (FC moyenne),
et à ondulations épaisses, dit (FC épaisse).

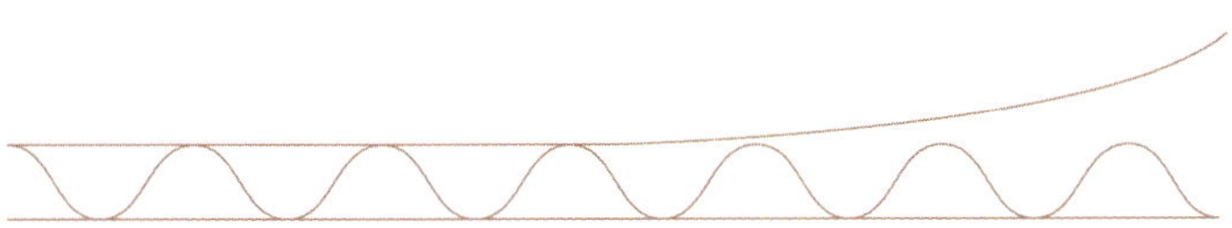

> décorticage d'une lamelle

La plupart des cartons utilisés sont récupérés chez les marchands de fruits et légumes. Ces cartons sont plus solides que les autres et font des coupes franches sans abîmer les ondulations. De plus, ils ramollissent moins au contact de la colle. Seuls les fonds de carton sont utilisés. Ils mesurent en général 30 cm de large sur 40 cm de long. Coupés dans la largeur, ils laissent découvrir les ondulations. Lorsque l'objet réclame une plus grande longueur, les bandes sont placées bout à bout. Prendre soin de bien faire coïncider le motif (ondulations, vaguelettes ou languettes).

• PRINCIPES D'UTILISATION : DEUX POSSIBILITÉS

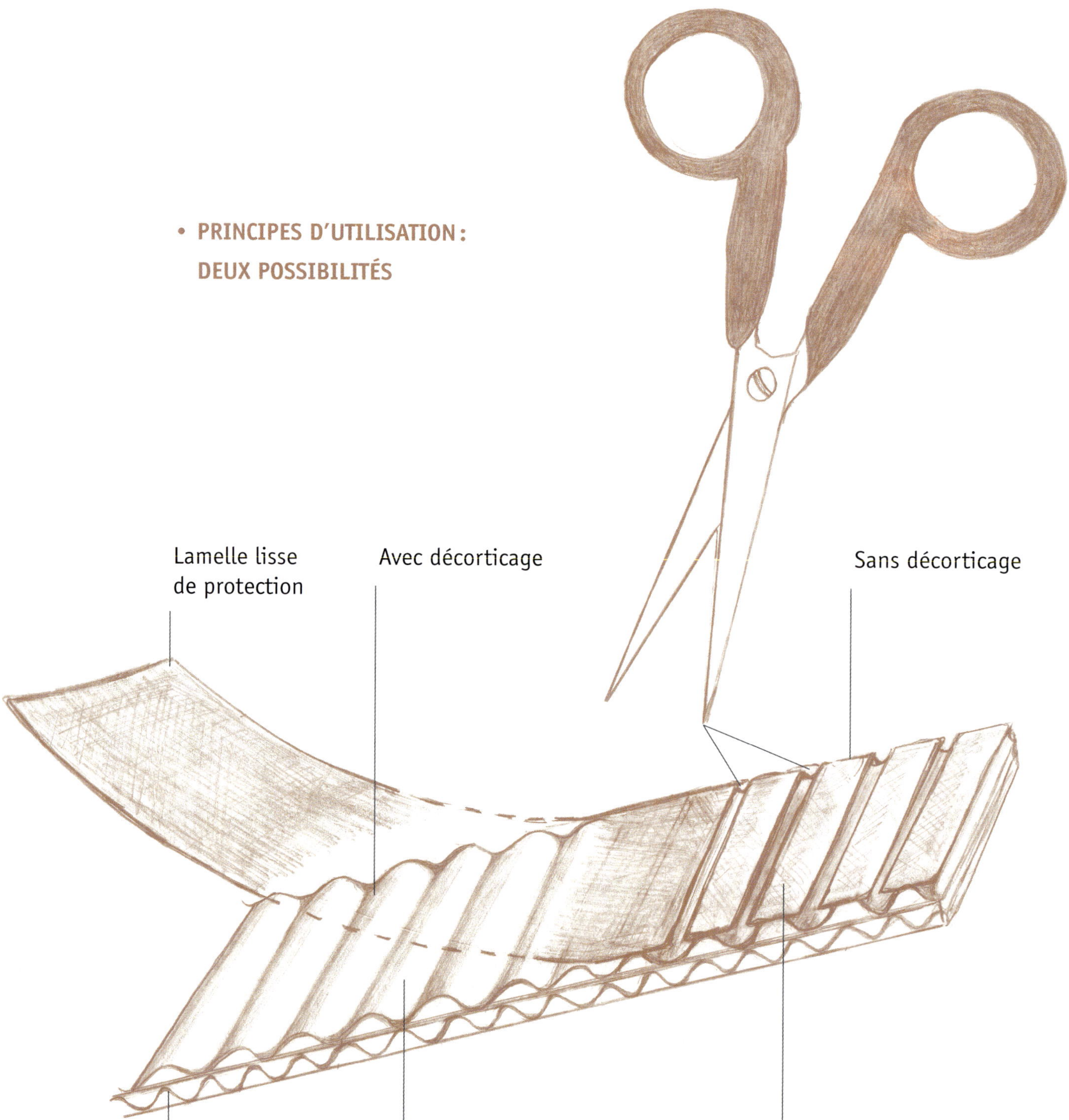

• CONSEILS

- LA COUPE

Coupe simple

La lamelle de carton présente sur la tranche 2 épaisseurs de jours insérées dans 2 fines lames de papier (voir dessin p. 6).

Coupe simple décortiquée :

Il suffit d'ôter une des 2 feuilles de papier pour ne laisser apparaître, à plat, que les vaguelettes du carton.

Coupe différente :

Après une coupe simple, utiliser les petits ciseaux pointus pour couper à plat des petits carrés réguliers, en donnant de rapides coups de ciseaux à l'intérieur des jours.

Lors de la coupe des bandes de carton avec un cutter:

1 Tracer à la lame le long de la règle plate un léger sillon qui dirigera le cutter lors du deuxième passage appuyé.
2 Veiller à bien placer le pouce et l'index sur la règle pour éviter de se couper.
3 Changer régulièrement la lame du cutter.
4 Pour le même motif, utiliser le même carton (les couleurs des cartons diffèrent sensiblement et peuvent être utilisées pour donner une variété de tons à l'objet).

Conseils de découpe :

Il est important de placer le cutter le plus perpendiculairement possible à la règle afin de fabriquer des lamelles perpendiculaires qui se touchent parfaitement au moment de l'assemblage. Si les lamelles sont coupées un peu en biais, le travail sera moins soigné. Le seul danger de cette opération est de poser les doigts sur le trajet du cutter. le coupure peut être profonde, il faut donc être prudent.

- LE COLLAGE

1 Coller à l'aide d'un pinceau de son choix. Pour les petites surfaces, 1 pinceau rond ; pour les grandes surfaces, 1 pinceau plat.
2 Maintenir les surfaces encollées avec du ruban adhésif papier - appelé aussi ruban adhésif de masquage - utilisé par les peintres.
3 Pour l'encollage de l'écorce de platane, utiliser un petit pistolet à colle et des petits bâtons de colle à chaud.
4 La colle contact genre Sader ou Bostic transparente convient pour les gros coquillages ou les surfaces qui réclament de la pression.

La résine PVA est un produit liant utilisé en peinture décorative. Elle a la particularité de recouvrir la surface encollée d'un mince film plastique, ce qui confère à l'objet plus de rigidité et le protège des poussières. De plus, ce produit est l'un des seuls à ne pas faire de taches au moment du collage. Son inconvénient est qu'il n'est pas rapide de prise. C'est pour cela que l'on utilise du ruban de papier collant utilisé par les aquarellistes pour fixer leur papier dessin. Ce ruban permet de joindre les différentes lamelles entre elles le temps du séchage. Le carton décortiqué présente parfois des imperfections et produit de petites mèches de papier qu'il sera facile de faire disparaître en les recouvrant d'une mince couche d'acétate. Le carton étant une matière poreuse, l'acétate l'imperméabilise en quelque sorte. On peut aussi utiliser le « bouche-pores » prisé des ébénistes, pour traiter le carton avant son utilisation.

• FICHE TECHNIQUE

1- ONDULATIONS

Une bande de carton coupée et posée sur la tranche laisse apparaître des ondulations.

2- VAGUELETTES

Une bande de carton coupée, décortiquée sur une face et posée à plat présente des vaguelettes.

À l'aide d'un cutter, retirer la lamelle de carton lisse (en général celle qui correspond aux publicités). Ne pas tirer la languette d'un coup au risque d'arracher les ondulations. Passer la lame du cutter dans chaque creux de vaguelette pour faire un travail net.

3- LANGUETTES

Utiliser une bande de carton à plat et non décortiquée. Enfiler la pointe des ciseaux dans les trous formés par les ondulations et donner 2 petits coups de ciseaux pour couper des petits carrés de carton que je nomme « languette ». Voir détail des différentes techniques sur le dessin p. 6 et la photo p. 11.

• **TECHNIQUE DENTELLE**

Différents objets montrent cette technique. Se reporter aux photos du sac p. 53, du lampion p. 45 et de l'étui à portable p. 23.

Il est préférable, pour réaliser la technique de la dentelle, d'avoir des butées contre lesquelles on peut prendre appui pour l'encollage : c'est plus facile.

Dentelle

1- Couper de fines lamelles de carton de 3 à 5 mm de large dans du (CD * 0,7). Ôter la face publicitaire.

NB : Pour la coupe, repérer la largeur des bandes puis couper en estimant à vue d'œil.

2- Encoller sur trois faces dont une face ondulée.

3- Poser sur la tranche en la repliant sur elle-même 2 à 4 fois.

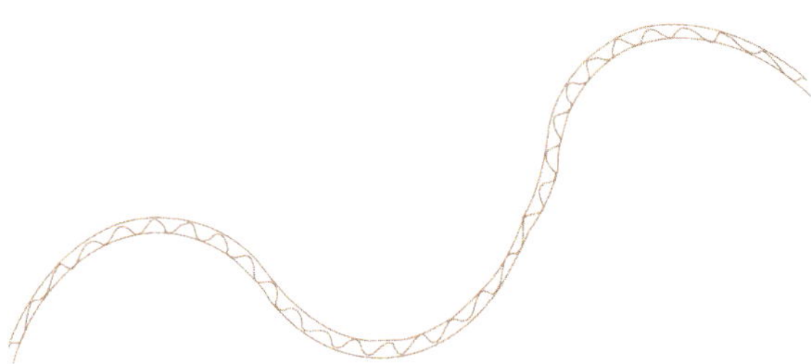

4- Caler l'extrémité dans un coin et, à l'aide d'une pointe de couteau, tasser cette lamelle sur elle-même plus ou moins serrée selon votre goût. Former une série de serpentins pour et remplir la surface désirée.

Technique dentelle

Vaguelettes

Carton double ondulation
CD * 0,7

Haricots

Perles

Différentes rondelles de carton

Languettes

Porte-clés (★)

MATÉRIEL DE BASE

- (CS * 0,5)
- (CD * 0,7)
-(FC fine) dorée
- Un escargot
- 4 petits coquillages
- Des plumes
- 8 perles
- 3 crochets dorés
- 1 accroche autocollante
- Du ruban adhésif en papier

• 1re ÉTAPE : SUPPORT ET TRACÉ

- Couper un carré de 12 cm de côté dans du (CS * 0,5).
- Repérer le centre et tracer les diagonales.

• 2e ÉTAPE : PRÉPARATION DE QUATRE BANDES RECONSTITUÉES

- Couper 10 bandes de 15 cm de long et les coller entre elles dans l'ordre indiqué :

DU CENTRE VERS L'EXTÉRIEUR

10 BANDES :

- 01 languettes (CD * 0,5) de 5 mm de large.
- 02 ondulations (CD * 0,5) de 5 mm de large.
- 03 vaguelettes (CD * 0,5) de 5 mm de large.
- 04 ondulations (CD * 0,5) de 5 mm de large.
- 05 languettes (CD * 0,7) de 10 mm de large.
- 06 ondulations (CD * 0,7) de 7 mm de large.
- 07 ondulations (CD * 0,5) de 5 mm de large.
- 08 vaguelettes (FC fine) dorée de 5 mm de large.
- 09 ondulations (CD * 0,7) de 7 mm de large.
- 10 languettes (CD * 0,7) de 7 mm de large.

- Maintenir cette bande reconstituée avec du ruban adhésif de masquage.
- Renouveler l'opération quatre fois pour obtenir quatre bandes identiques.
- Laisser sécher une nuit entière pour réussir la coupe.

1 - Porte-clés
2 - Vide-poche

• 3e ÉTAPE : MONTAGE

Après séchage des 4 bandes reconstituées :

- Couper 4 triangles de 12 cm x 8,5 cm x 8,5 cm dans les 4 bandes reconstituées.
- Coller chaque triangle obtenu sur le support en utilisant les repères des diagonales (encoller les deux faces).

• 4e ÉTAPE : FINITIONS

- Coller perles, escargot, coquillages et plumes.
- Fixer à la colle contact 3 crochets dorés alignés.
- Coller la gommette d'accroche à l'arrière.
- Recouvrir la tranche du porte-clés avec une bande de (FC fine) dorée de 7 mm de large pour cacher les imperfections tout autour du carré.

Vide-poche (★★)

MATÉRIEL DE BASE

- (FC fine) naturelle
- (FC moyenne) naturelle
- (CD * 0,7)
- (CD * 0,5)
- Haricots noirs
- Maïs
- 20 perles blanches nacrées
- Crochet
- 10 dents d'oursin
ou coquillages blancs

• 1re ÉTAPE :

En suivant le plan p. 17 :

- Couper les pièces A ; B x 2 ; C et D dans du carton (CD * 0,7).
- Couper 2 autres pièces A et C pour doubler l'intérieur de la boîte dans une (FC fine). Encoller.
- Doubler les deux pièces B sur la face extérieure du vide-poche dans une (FC moyenne).

• 2e ÉTAPE : PIÈCE A

À 8 cm de hauteur, et de bas en haut de la pièce A :

- Coller une bande ondulations de (CD * 0,5) de 3 mm de large, de 24 cm de long.
- 1 rangée de haricots noirs.
- 1 bande vaguelettes de (CD * 0,5) de 5 mm de large et de 24 cm de long.
- Créer la rondelle centrale de 5 cm de diamètre : 8 tours de (FC moyenne) et 5 tours de (FC fine). Percer un trou au centre de la rondelle pour passer le clou qui servira à l'accroche.
- Coller la rondelle.

• 3e ÉTAPE : PIÈCE D FAÇADE

- Repérer le milieu de la pièce D.
- Tracer au crayon les triangles de décoration (voir croquis p. 17).
- Couper et décortiquer des bandes ondulations de (CD * 0,5) de 5 mm d'épaisseur.
- Les coller sur le tracé des triangles.
- Faire une rangée de haricots noirs et deux perles à la pointe du triangle.
- Placer une autre bande ondulations de (CD * 0,5) pour insérer la ligne de haricots noirs.
- Combler les deux triangles du haut avec des graines de maïs.
- Combler le triangle central du bas et les deux demi-triangles latéraux avec la technique dentelle.

• 4e ÉTAPE : MONTAGE

- Avec de la colle contact, reconstituer la boîte en collant les pièces A et B, B et C entre elles et bord à bord.
- Coller la pièce D sur la tranche et, à l'intérieur de la pièce C à 6 cm du bord de la façade (voir croquis p. 17).

• 5e ÉTAPE : FINITIONS

- Coller sur le bord de la façade de la pièce C :
• une bande de (FC moyenne) vaguelettes de 1,5 cm de large.
• 1 bande languettes de 24 cm de long collée dessus et sur la tranche.
- Pour cacher les imperfections des courbes de l'objet, coller une bande de (FC moyenne) vaguelettes de 5 mm de large sur la tranche des pièces A, B et B sur le contour de l'objet.
- Coller à la colle contact 2 crochets pour les clés, à la base de l'objet.
- Décorer avec les perles et les dents d'oursin ou des coquillages comme sur la photo p. 13.

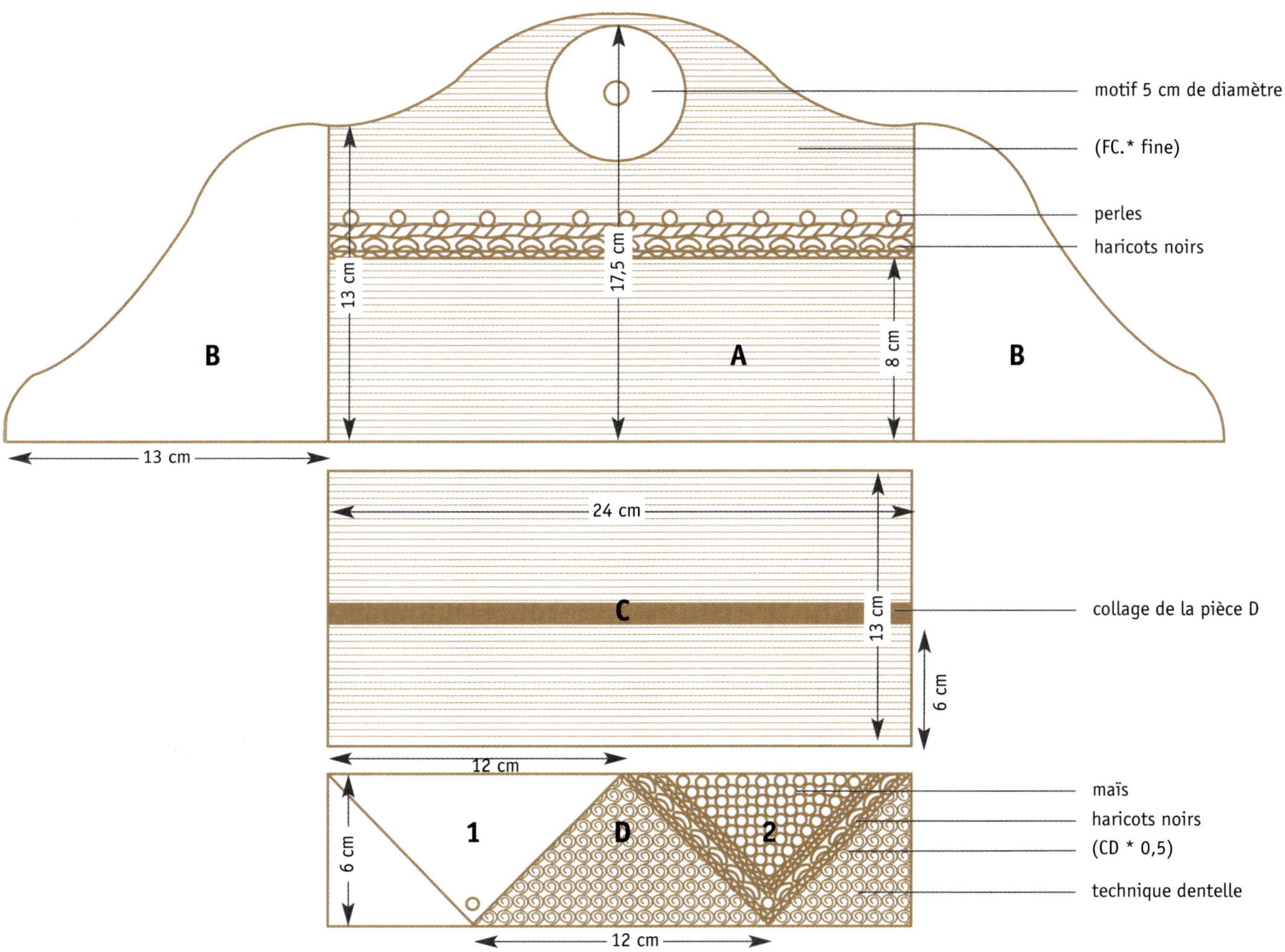
motif 5 cm de diamètre
(FC.* fine)
perles
haricots noirs
B
A
B
13 cm
17,5 cm
8 cm
13 cm
24 cm
C
collage de la pièce D
13 cm
6 cm
12 cm
1
D
2
6 cm
12 cm
maïs
haricots noirs
(CD * 0,5)
technique dentelle

Étui à lunettes (★)

MATÉRIEL DE BASE

- Feutrine ou tissu clair pour la doublure
- Rabane
- Tulle fin doré (facultatif)
- Raphia
- Aiguille à canevas
- 1 petite rose
- Perles et coquillages
- 1 graine d'eucalyptus
- (CD * 0,7)
- (C.S * 0,5)
- (FC fine) naturelle

• 1re ÉTAPE : LE PATRON

- Tracer sur un papier un rectangle de 13,7 cm de large sur 17 cm de long. Ces mesures doivent être adaptées à votre paire de lunettes.
- Arrondir les angles.

• 2e ÉTAPE : LA COUPE

- Poser le patron sur la doublure (1), sur la rabane (2), sur le tulle doré (3).
- Couper 1, 2 et 3.
- Encoller les trois surfaces dans l'ordre 1-2-3 avec de la résine PVA.
- Laisser sécher.
- Plier en deux dans le sens de la longueur.
- Maintenir avec des pinces à linge pendant le temps de séchage.

• 3e ÉTAPE : LE MONTAGE

- Couper deux bandes de 5 mm d'épaisseur dans du (CD * 0,7), l'une de 6,7 cm pour la base de l'étui, l'autre de 16 cm pour la hauteur de l'étui.

1 - Étui à lunettes
2 - Étui à portable
3 - Petit agenda

- Coller ces deux bandes à la colle contact sur la tranche de l'étui pour réunir les deux bords de l'étui.
- Arrondir les coins.

• 4e ÉTAPE : DÉCORATION

- Coller une bande de (FC fine) naturelle tout autour de l'étui et sur les bords extérieurs (se reporter à la photo p. 19).

• 5e ÉTAPE : FERMETURE

- Enfiler au dos et en haut de l'étui une petite tresse de raphia avec l'aiguille à canevas.
- Nouer la tresse à l'intérieur de l'étui pour former une boucle de fermeture.
- Côté face, coller à la colle contact une petite graine d'eucalyptus (ou bouton, pois chiche...) pour former le bouton d'accrochage.

• 6e ÉTAPE : LE MOTIF « GOUTTE »

- Sur le côté collant du ruban adhésif, placer un coquillage central à l'envers et former une rondelle de 4 cm de diamètre comme suit :
• 7 tours d'une lamelle plate de carton de 4 mm de large, récupéré lors d'un décorticage ;
• 5 tours de (FC fine) naturelle de 4 mm ;
• 1 tour de (CD * 0,5), ondulations vers l'extérieur.
- Encoller la rondelle avec la résine PVA. Retourner et coller en plaçant le coquillage du centre à 6,5 cm de la base de l'étui.
- Enlever le ruban adhésif.
- Vérifier le placement des différents éléments du motif.
- Fixer de nouveau avec du ruban adhésif.
- Laisser sécher.
- Une fois sec, former la goutte avec du (CS * 0,5) ondulations vers l'extérieur. La goutte doit faire 9 cm de hauteur.
- Coller des perles blanches dans les ondulations (1 sur 2) en se référant à la photo ci-contre.
- Combler le triangle avec :
• 2 petits coquillages aux coins inférieurs ;
• 1 rondelle de 2 cm de diamètre dans la (FC fine) naturelle ; coller sur cette dernière une petite rose (ou perle ou graine) ;
• 1 rondelle au-dessus de 1 cm de diamètre autour d'une perle blanche ;
• 1 perle rouge, 1 perle blanche, 1 perle rougeà la pointe supérieure;
• À la base de la goutte, 1 perle blanche et une gouttelette rouge.
- Fixer avec du ruban adhésif papier.
- Laisser sécher 24 heures.
- Bourrer l'étui avec un chiffon humide pour lui donner du volume.
- Laisser sécher de nouveau 24 heures.

Étui à portable (★★★)

MATÉRIEL DE BASE

- **Rabane**
- **Raphia**
- **Papier de soie**
- **2 coquillages (1 kori / 1 bernique)**
- **Perles dorées, blanches et perles en bois**
- **1 haricot blanc**
- **(FC fine) naturelle et blanche**
- **(CD * 0,5)**
- **(CS * 0,5)**

• 1re ÉTAPE : SUPPORT POUR COLLAGE

- Couper un rectangle d'environ 17 x 15 cm (adapter la taille du rectangle en fonction de la taille du portable) dans de la rabane et doubler avec trois épaisseurs de papier de soie collées avec la résine PVA.
- Laisser sécher complètement.

• 2e ÉTAPE : MOTIF GOUTTE

- Sur du ruban adhésif de masquage, former le motif sur la face collante :
- Autour du kori posé à l'envers, former 1 rondelle, d'environ 3 cm avec de la (FC fine) de 3 mm d'épaisseur : 7 tours de naturel et 2 tours de blanc.
- Coller en cercle des perles en bois marron.
- Former la goutte avec du (CD * 0,5) de 5 mm d'épaisseur.

1re goutte intérieure : 9 cm de hauteur et 5 cm de large à la base.

- Couper en pointe le sommet du motif.
- Former la deuxième goutte extérieure avec du (CS * 0,5) de 5 mm d'épaisseur et de 11 cm de hauteur sur 6 cm de large.
- Insérer des perles dorées dans les trous formés par les ondulations (1 sur 2).
- Encoller. Retourner le tout.
- Enlever le ruban adhésif de masquage.

- Vérifier l'emplacement des éléments le constituant.
- Fixer de nouveau avec du ruban adhésif.
- Laisser sécher complètement.

• FINITIONS

- À l'intérieur du petit triangle restant, coller le coquillage bernique, 2 perles blanches à la base et de chaque côté, 1 perle de bois et 1 perle dorée à la pointe supérieure.
- Sous la goutte ajouter 1 haricot blanc, 1 rondelle de 1,5 cm autour d'une perle en bois et une perle dorée pour finir.
- Encoller. Enlever délicatement le ruban adhésif et replacer les éléments avec la pointe d'un couteau.
- Laisser sécher quelques heures.

• 3e ÉTAPE - LA DENTELLE

- Couper et décortiquer 20 fines bandes de (CD * 0,7) de 1 à 2 mm d'épaisseur.
- Combler la surface restante avec la technique dentelle sur le papier de soie (voir p. 9).

NB : La difficulté est qu'il n'y a pas de bord pour maintenir les serpentins de carton. Utiliser du ruban adhésif.

- Laisser sécher. Couper au cutter ce qui dépasse des bords.
- Quand l'objet est à moitié sec, commencer à l'arrondir progressivement et doucement pour ne pas le décoller jusqu'au séchage complet.

• MONTAGE ET FINITIONS

- Enfiler sur le coin supérieur 3 brins de raphia tressés pour créer la poignée.
- Coller les bords inférieurs et latéraux à la colle contact.

Petit agenda (★)

MATÉRIEL DE BASE

- **1 petit agenda publicitaire de 15 x 10 cm**
- **(FC fine) naturelle blanche**
- **(CD * 0,5)**
- **Petites perles rouges et blanches, petite rose et gouttelettes**
- **Papier kraft**

• 1re ÉTAPE

- Recouvrir entièrement l'agenda de papier kraft pour cacher les publicités.

• 2e ÉTAPE

- Couper 2 rectangles de 15 x 10 cm dans la (FC fine) naturelle et coller sur la couverture, côté pile et côté face.
- Couper une bande de 1,5 x 15 cm dans du (FC fine) naturelle et coller sur la reliure de l'agenda.
- Couper quatre bandes ondulations dans du (CD * 0,5) de 2 cm de large.
- Encadrer la face du livre sur le bord extérieur.
- Coller les perles dans les trous formés par les ondulations : un trou sur deux, perles blanches alternées avec perles rouges.
- Quatre rondelles autour d'une perle blanche de 1 cm de diamètre seront collées aux quatre coins.

• 3e ÉTAPE

Création du motif central de 8 cm de diamètre

Autour d'une perle blanche et sur du papier adhésif :

- 6 tours de (FC fine) blanche de 3 mm d'épaisseur,
- 3 tours ondulation de (CD * 0,5) de 5 mm d'épaisseur,
- Coller des perles rouges et blanches en les insérant un trou sur deux, dans les trous formés par les ondulations,
- 1 tour de vaguelettes de 4 mm de large dans du (CD * 0,5),
- 1 tour d'ondulations de 4 mm de large dans du (CD * 0,5),
- 1 tour de perles rouges serrées,
- 2 tours d'ondulations de (CS * 0,5) de 3 mm d'épaisseur,
- 2 tours de (FC fine) blanche de 3 mm d'épaisseur.
- Encoller les deux surfaces.
- Retourner.
- Retirer le ruban adhésif.
- Replacer, si nécessaire, les éléments formant le motif sur la couverture de l'agenda.

• FINITIONS

- Coller la rose et les deux petits pétales verts au sommet du cercle.
- Coller une grosse perle blanche et une gouttelette rouge à la base du cercle.

Jeu de dames (★)

MATÉRIEL DE BASE

- (FC fine) naturelle et blanche
- (CD * 0,5)
- (CD * 0,7)
- 20 perles blanches
- 20 perles noires

• 1re ÉTAPE : LE SUPPORT

- Couper 2 rectangles de 37,5 x 30 cm : le premier dans du (CD * 0,7), le deuxième dans une (FC fine) naturelle.
- Coller le deuxième rectangle sur le premier pour cacher les publicités.

• 2e ÉTAPE : LE DAMIER

- Faire le tracer selon le croquis p. 28.
- Repérer le centre.
- Tracer le damier de 25 x 25 cm et les 100 petits carrés de 2,5 x 2,5 cm.
- Découper 50 carrés marron et 50 carrés blancs dans de la (FC fine) naturelle et blanche.
- Coller suivant le tracé.

1 - Petite boîte à effets
2 - Jeu de dames

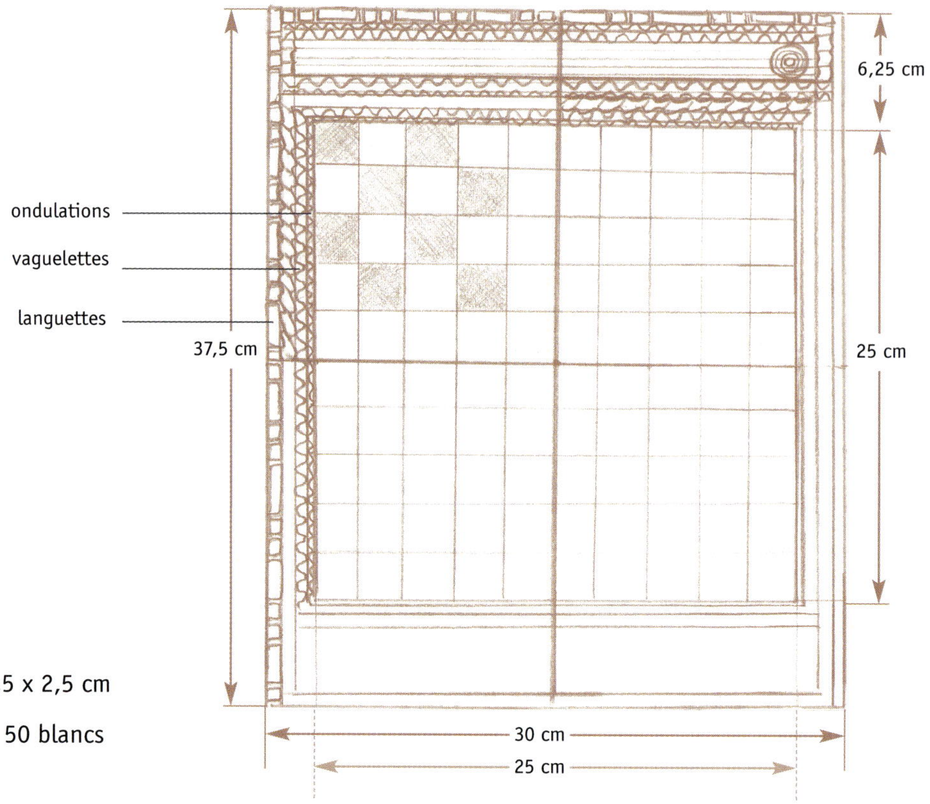

DAMIER :

25 cm/25 cm

= 100 carrés de 2,5 x 2,5 cm

soit 50 marron et 50 blancs

• 3ᵉ ÉTAPE : L'ENCADREMENT DU DAMIER

- Couper quatre bandes ondulations de (CD * 0,5) de 5 mm d'épaisseur.
- Couper quatre bandes vaguelettes de (CD * 0,7) de 10 mm d'épaisseur.
- Décortiquer.
- Encadrer le damier avec l'ondulation suivie de la vaguelette.

• 4ᵉ ÉTAPE : RANGEMENT DES PIONS

- Couper 2 rectangles de 28 x 4 cm dans de la (FC fine), l'un de couleur blanche et l'autre de couleur naturelle, dans le sens de la longueur.
- Coller sur chaque largeur du rectangle du support.
- Couper quatre bandes ondulations de (CD * 0,7) de 28 cm de long.
- Coller une bande le long de la vaguelette.
- Laisser apparaître 2,5 cm de (FC fine), là où seront rangés les pions, et coller la deuxième bande ondulations (CD * 0,7). Même chose de l'autre côté du jeu.

• 5ᵉ ÉTAPE : FINITIONS

- Encadrement final : Couper deux bandes languettes dans du (CD * 0,7) de 1 cm de large et 37,5 cm de long pour la longueur du cadre et deux bandes languettes de 1 cm de large sur 28 cm de long pour la largeur du cadre.
- Couper dans une (FC fine) naturelle des bandes de 1 cm de large qui serviront à masquer les imperfections de la tranche du cadre.

• 6e ÉTAPE : LES PIONS

Confectionner :

- 20 pions blancs autour d'une perle blanche dans la (FC fine) blanche.
- 20 pions marron autour d'une perle noire dans la (FC fine) naturelle.

Taille d'une rondelle = 2,5 cm de diamètre et 4 mm d'épaisseur.

Petite boîte à effets (★)

MATÉRIEL DE BASE

- Papier kraft
- 1 beau coquillage
- 1 boîte : ici une boîte en carton qui contenait de la fleur de sel. On peut aussi utiliser une boîte de fromage.
- (FC fine) blanche et naturelle
- (CS * 0,5), (CD * 0,5), (CD * 0,7)

• 1re ÉTAPE

- Recouvrir l'extérieur de la boîte avec du papier kraft pour cacher les publicités. Ajouter une vaguelette (CD * 0,7) décortiquée des deux côtés, de 5 mm de large, et la coller à la base de la boîte.
- Recouvrir l'intérieur de la boîte avec de la (FC fine) blanche.

• 2e ÉTAPE : LE COUVERCLE

- Couper un cercle dans du (CS * 0,5) de 7,5 cm de diamètre.
- Recouvrir d'un cercle coupé dans (FC fine) blanche.
- Marquer le centre.
- Dans la (FC fine) de 0,5 de largeur, effectuer une rondelle centrale en alternant : 6 tours en naturel, 4 tours en blanc, 3 tours en naturel, 3 tours en blanc, le tout faisant un diamètre de 6 cm.

- Puis 1 tour ondulations avec du (CS * 0,5),
- Coller une perle blanche dans chaque ondulation,
- Puis 1 tour ondulations avec des (CD * 0,5).
- Fixer avec du ruban adhésif de masquage.
- Encoller le tout au centre.
- Élargir le couvercle en enroulant sur la tranche extérieure du couvercle :
  • 4 tours de (FC fine) naturelle ;
  • 2 tours de (FC fine) blanche.
- Finir avec un tour languettes face à l'extérieur de la boîte dans du (CD * 0,5).
- Le couvercle terminé a 10 cm de diamètre.

Intérieur du couvercle :
- Doubler l'intérieur du couvercle avec du (CS * 0,5) (cercle de 6,5 cm de diamètre). Coller.
- Couper dans de la (FC fine) naturelle un cercle de 6,5 cm de diamètre et le coller sur le premier cercle.
- Entourer ce dernier de 2 tours de (FC fine) blanche pour cacher l'arête. Ce cercle servira de butée pour maintenir le couvercle.

• 3e ÉTAPE : L'EXTÉRIEUR DE LA BOÎTE

- Mesurer la hauteur de la boîte (6 cm).
- Recouvrir dans le sens vertical avec des petites bandes de carton de 6 cm de long en alternant vaguelettes, ondulations, et vaguelettes dans différents cartons et différentes épaisseurs et largeurs selon l'inspiration.
- Fixer au ruban adhésif pour le séchage.

• FINITION

- Coller à la colle contact ou au pistolet à colle 1 coquillage précieux au centre du couvercle.

Cette boîte peut servir
à ranger les pions
du jeu de dames.

Ardoise (★★)

MATÉRIEL DE BASE

- 1 ardoise de 26 x 18 cm
  et de 6 mm d'épaisseur.
  Le montant supérieur est percé
  d'un trou.
- (CD * 0,5) ; (CD * 0,7) ;
  (FC fine) dorée ou naturelle
- Raphia
- Craie rose
- Fil doré
- Perles dorées
- 3 glands
- 1 petite rose (facultative)

• 1re ÉTAPE : SUPPORT

Afin d'augmenter la surface d'encadrement de l'ardoise :

- Découper un rectangle de 20,5 x 28,5 cm.
- Évider le centre en gardant 3,5 cm de bordure.
- Coller au dos de l'ardoise.
- Récupérer le trou d'accroche. Percer le carton avec la pointe des ciseaux.
- 3 brins de raphia tressés, enfilés par le trou à l'arrière de l'ardoise et mis en boucle, serviront d'accroche. Ces brins seront fixés entre le bois de l'ardoise et le carton.

• 2e ÉTAPE : PRÉPARATION

- Côté recto, tracer au crayon les diagonales aux 4 coins de l'ardoise. Cette marque servira à couper les bandes en biais directement sur le support et à bonne mesure.
- Couper 20 bandes dans du (CD * 0,5) de 5 mm de large et d'environ 30 cm de long.
- Couper 8 bandes dans du (CS * 0,5) de 5 mm de large et d'environ 30 cm de long.

1 - Cadre-photo ovale
2 - Ardoise

- Couper 4 bandes dans de la (FC fine) dorée de 5 mm de large et d'environ 30 cm de long.
- Décortiquer les bandes de carton côté publicités.

• 3e ÉTAPE : MONTAGE, COLLAGE, ENCADREMENT

- Effectuer le travail de l'intérieur vers l'extérieur du cadre comme suit :

1re bande : ondulations (CD * 0,5) de 6 mm de large
2e bande : vaguelettes (CD * 0,5) de 6 mm de large
3e bande : ondulations (CS * 0,5) de 6 mm de large
4e bande : languettes (CD * 0,5) de 6 mm de large
5e bande : ondulations (CS * 0,5) de 6 mm de large

- Coller ces 5 bandes entre-elles avec la résine PVA.
- Les maintenir avec du ruban adhésif papier.
- Laisser sécher quelques heures.
- Exécuter 4 bandes reconstituées : 2 x 5 bandes d'environ 20 cm pour la largeur, et 2 x 5 bandes d'environ 28 cm pour la longueur du rectangle.
- Poser directement les bandes reconstituées sur l'ardoise. Couper en biais sur le repère au crayon comme pour un encadrement classique.
- Coller
- Disposer des perles dorées dans les vaguelettes (1 sur 2) et coller avec une pointe de résine PVA.
- Coller les bandes suivantes : 6e bande (FC fine) dorée de 5 mm de large ; 7e bande (CD * 0,5) languettes de 6 mm de large.

• 4e ÉTAPE : FINITIONS

- Sur la tranche de l'ardoise et tout autour, coller une bande de (FC fine) dorée d'environ 1 cm de large.
- Visser un petit crochet doré en haut et sur le bord droit de l'ardoise.
- 3 brins de fil doré tressés seront noués au crochet et une petite craie rose nouée à l'autre extrémité.
- Coller trois glands à la colle contact (ou coquillages, galets...) et une petite rose en papier au choix.

Cadre photo ovale (★★)

MATÉRIEL DE BASE

- (FC fine)naturelle
- (CS * 0,5)
- (CD * 0,5)
- Perles et coquillages

• 1re ÉTAPE : LE PATRON ET LA COUPE

- Tracer sur une feuille un ovale de 17 x 13 cm.
- Tracer un 2e ovale au centre de 11 x 7 cm en gardant un bord de 3 cm.
- Poser sur un (CS * 0,5). Faire le tracé, découper et évider l'ovale du centre = pièce A façade.
- Tracer un autre ovale de 17 x 13 cm sur une feuille.
- Tracer un deuxième ovale de 12 x 8 cm en gardant une bordure de 2,5 cm = pièce B dos.
- Reproduire ce tracé sur un (CS * 0,5) et découper aux 3/4 selon les pointillés du croquis 1 :

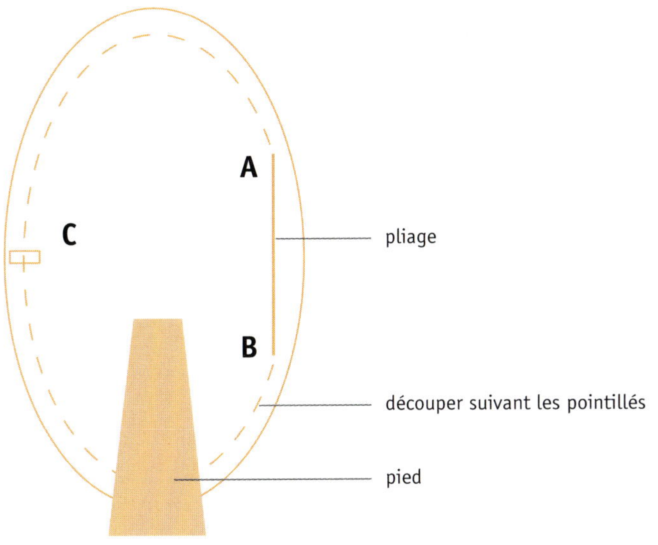

Croquis 1

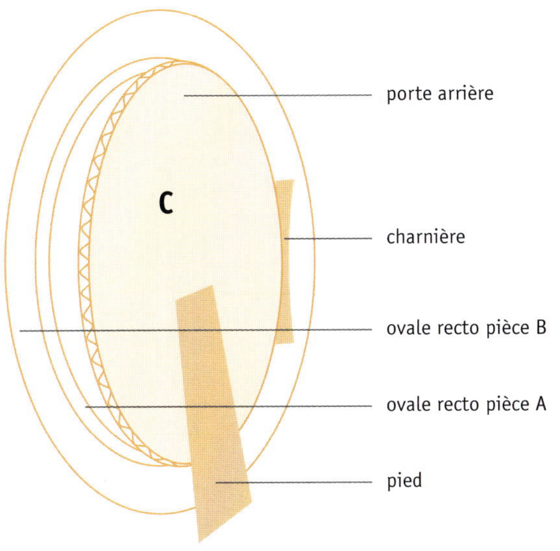

Croquis 2

NB : Pour l'ouverture de la porte arrière, tracer au cutter un petit sillon léger sans couper le carton. Cela permet une pliure qui servira de charnière (voir dessin p. 35).

• 2e ÉTAPE : MONTAGE

- Encoller les bords des deux ovales en maintenant la porte C ouverte lors du séchage.

• 3e ÉTAPE : LE PIED

- Couper dans du (CS * 0,5) un parallélépipède de 10 cm de hauteur, 5,5 cm de base, et 3,5 cm au sommet.

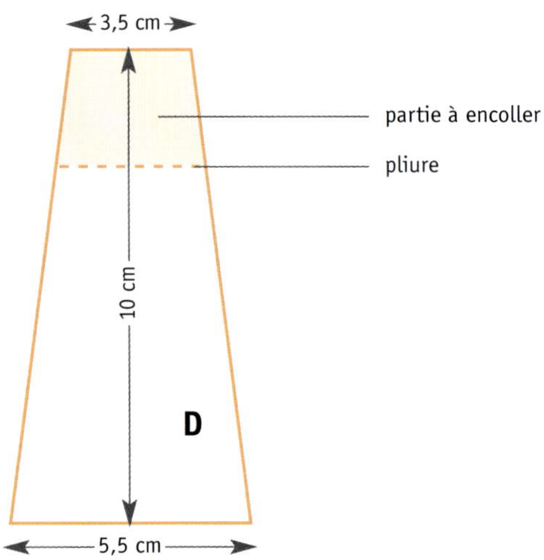

Croquis 3

• 4e ÉTAPE : DÉCORATION

- Découper à l'aide du patron de la pièce A de façade un ovale évidé en son centre dans une (FC fine) naturelle et coller en diagonale pour doubler la pièce A de la façade.
- Découper, décortiquer et coller sur l'arête de l'ovale central :

• **1 bande** de (CD * 0,5) ondulations de 3 mm d'épaisseur ;

• **1 rangée** de perles blanches.

- Sur le bord extérieur coller :

• **1 bande** ondulations de (CD * 0,7) de 3 mm d'épaisseur ;

• **2 tours** de FC fine naturelle ;

• **1 bande** ondulations de (CD * 0,5) de 3 mm d'épaisseur.

• 5e ÉTAPE : FINITIONS

- Récupérer des lamelles de carton plates de 1 cm de large lors d'un décorticage et former un nœud et des boucles avec une lame de ciseaux.
- Coller en haut et légèrement à droite à la colle contact.
- Décorer avec un coquillage ou deux petites roses en papier.

• 6e ÉTAPE : POSE ET COLLAGE DU PIED

- Repérer le milieu au dos du cadre.
- Plier la pièce D (le pied) selon la pliure (voir croquis 3) et encoller sur le cadre.

Fixer au ruban adhésif et sécher à plat avec un poids si nécessaire.

- Tout autour et sur la tranche du cadre, coller une bande d'environ 1 cm de large découpée dans une (FC moyenne) naturelle.

Petit livre à secrets (★★)

MATÉRIEL DE BASE

- (CD * 0,7), (CD * 0,5)
- (FC fine) naturelle et blanche
- Papier kraft
- 1 petit carnet relié de 18 x 11 cm
- 1 perle goutte, ou 1 coquillage
- 4 perles blanches
- 1 coquillage ou un bouton pour la fermeture

VARIATION EN ÉCORCE DE PLATANE

• 1re ÉTAPE : PRÉPARATION

Recouvrir entièrement le carnet de papier kraft.

• 2e ÉTAPE : LE TRACÉ

Repérer le centre de la couverture et tracer un losange de 7 x 7 cm.

• 3e ÉTAPE : MOTIF CENTRAL

Préparer la rosace centrale sur du ruban adhésif de masquage :
- Autour d'une perle ou d'un coquillage, enrouler du (CD * 0,5) sur trois tours, puis de la (FC fine) blanche sur deux tours, sur une épaisseur de 3 à 4 mm.
- Puis décortiquer 2 faces d'une lamelle et créer 1 cercle de vaguelettes de 5 mm de large.
- Avec de la (FC fine) naturelle, effectuer 3 autres tours.

2

1

1 - Petit livre à secrets
2 - Cadre platane

- Retourner le motif et coller au centre de la couverture.
- Enlever délicatement le ruban adhésif de masquage et vérifier le placement des éléments.
- Fixer et laisser sécher.
- Avec des lamelles de (CD * 0,7) de 5 mm d'épaisseur, former le losange : 1re bande en ondulations, 2e bande en vaguelettes.
- Couvrir le reste de la surface du losange avec de petits bouts de verre bleu cassés collés au PVA (vous pouvez utiliser également des graines de maïs ou des perles de verre.)

Apposer 4 perles aux 4 coins du losange.

• TECHNIQUE ÉCORCE

À l'automne, les platanes font peau neuve. Il suffit de se baisser pour ramasser au pied de ces arbres les écorces tombées.

- Couvrir le restant du carnet recto verso avec des morceaux d'écorces de platane en utilisant un pistolet à colle et des bâtons de colle.
- Encoller des bouts d'écorce. Poser sur le support et casser l'écorce en petits bouts au fur et à mesure de l'encollage pour créer une sorte de puzzle (faire un essai sur un bout de carton).

Procéder rapidement en évitant de mettre les doigts sur la colle brûlante.

- Une fois sec, couper au cutter ce qui dépasse des bords du carnet.
- Sur le verso, fixer une petite tresse de raphia mise en boucle sur un bout d'écorce.
- Sur le recto, fixer un coquillage ou un bouton pour la fermeture.

Cadre platane (★★)

MATÉRIEL DE BASE

- (CD * 0,7)
- (FC fine) naturelle
- Écorce de platane
- Feuille de papier tibétain blanc ou écru
- 4 glands
- Feuilles d'arbre séchées
- Graines de maïs
- Pistolet à colle

• 1re ÉTAPE : LE SUPPORT

Découper 2 rectangles dans du (CD * 0,7) :

- 1 rectangle A de 31 x 36 cm. Évider le rectangle central de 19 x 24 cm, les bords sont de 6 cm.
- 1 rectangle B de 31 x 36 cm plein avec un trou pour passer une boucle de raphia tressée et attachée au ruban adhésif qui servira pour l'accroche.

Détail technique : il est préférable de couper les rectangles A et B dans deux trames différentes pour plus de solidité.

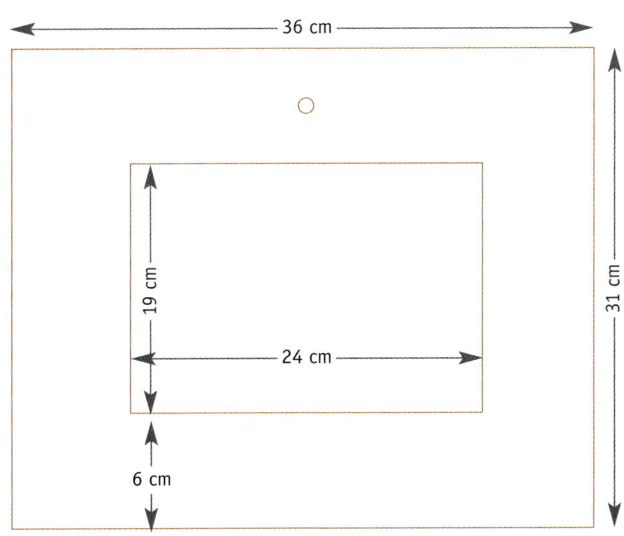

• 2e ÉTAPE

- Couper dans la feuille de papier tibétain un rectangle de 21 x 26 cm.
- Le coller au centre du carton B.
- Coller le carton A sur le carton B.

• 3e ÉTAPE : RECTANGLE CENTRAL

- Couper 4 bandes dans une (FC fine) naturelle de 2 cm de large.
- Coller sur le papier tibétain à l'intérieur du rectangle central.
- Biseauter aux 4 coins comme pour un encadrement classique.

• 4e ÉTAPE

- Couper 4 bandes de (CD * 0,5) de 5 mm de large.
- Coller le long de l'épaisseur créée par le support et sur la (FC fine) déjà posée.

• 5e ÉTAPE

Exceptionnellement, couper des lamelles de carton dans le sens de la longueur et non dans le sens perpendiculaire qui fait apparaître les ondulations (voir « Conseils », p. 7).

- Recoller entre elles ces fines lamelles de carton lisse en supprimant celles qui ont des publicités.
- Créer 4 grandes bandes reconstituées et assemblées au ruban adhésif : 2 bandes de 25 x 3 cm et 2 bandes de 19 x 3 cm.
- Laisser sécher quelques heures.
- Recréer un cadre dans le cadre à 1,5 cm du bord et couper les 4 coins en diagonale.
- Coller sur le papier tibétain. Centrer.
- Coller sur le papier tibétain de jolies feuilles séchées et 4 ou 5 glands pour la composition centrale.

Note : Vous pouvez composer votre propre tableau selon votre imagination et les éléments dont vous disposez.

• 6e ÉTAPE : RECOUVRIR LE CADRE D'ÉCORCE DE PLATANE

Reprendre la « technique écorce » expliquée pour le petit livre à secrets p. 40.

• 7e ÉTAPE : FINITIONS

- 4 rondelles autour d'une graine de maïs décoreront les coins de la composition centrale.
- Sur la tranche du cadre et tout autour, coller des bandes de (CD * 0,7) de l'épaisseur du cadre (environ 1,5 cm).
- Pour finir, coller une bande tout autour de (FC moyenne).

Lampion (★★★)

MATÉRIEL DE BASE

- (CD * 0,7) ;
  (FC fine) naturelle et blanche ;
  (FC moyenne) naturelle
- 20 coquillages (coques)
- 4 nacre
- Cocos blancs
- Perles blanches
- Raphia

• POUR 1 RECTANGLE :

Dans du (CD * 0,7), découper 4 rectangles de 18 x 30 cm.
Évider le centre en gardant 1 cm d'encadrement.
- Avec une triple épaisseur de papier de soie encollé à la résine PVA, combler l'intérieur du cadre, en fixant ce papier sur les bords de 1 cm.
- Laisser sécher.
- Couper 4 bandes de (CD * 0,7) de 28 x 0,7 cm et 4 bandes de (CD * 0,7) de 13 x 0,7 cm.
- Décortiquer.
- Vérifier la mesure directement sur le support.
- Commencer par les longueurs du cadre.
- Encoller 1 bande ondulation suivie d'1 bande languettes.
- Presser le papier de soie et sur le bord du cadre.

Puis faire la même chose sur la largeur.

• **PRÉPARATION DU MOTIF**

- Sur la face collante du ruban adhésif de masquage, poser un coquillage sur l'envers.
- Enrouler autour :
  • 6 tours de (FC moyenne) naturelle de 4 mm de large ;
  • 1 tour de cocos blancs ;
  • 3 tours de (FC fine) blanche de 4 mm de large ;
  • 6 tours de (FC moyenne) naturelle de 4 mm de large.
- Marquer 1 repère au milieu du carré de papier de soie et à 15 cm du haut du cadre.
- Retourner et encoller la rondelle d'environ 8 cm de diamètre en plaçant le coquillage central sur le repère (encoller les deux surfaces).
- Détacher doucement le ruban adhésif et réorganiser le motif sur le support de papier de soie.
- Couper une vaguelette de 40 x 0,7 cm dans du (CD * 0,7).
- Décortiquer les 2 faces pour mieux l'arrondir et la mettre en forme de goutte (goutte = 15 cm de hauteur).
- Couper le haut de la pointe.
- Coller autour de la rondelle.
- Cerner la goutte ainsi formée par une bande de (FC fine) blanche assez longue pour former à chaque extrémité deux rondelles blanches autour d'une perle de 1,5 cm de diamètre.
- Fixer ces deux volutes de chaque côté et au sommet de la goutte avec du ruban adhésif.

• FINITIONS DU MOTIF CENTRAL

Deux rondelles autour de 2 cocos blancs dans une (FC fine) naturelle de 1,5 cm de diamètre sont collées dans le triangle supérieur formé par la goutte.
Au-dessus des deux rondelles, aligner 5 cocos blancs.
Au sommet, coller une nacre avec une grosse perle blanche dans la nacre.

Note : Si vous n'avez pas de coquillages sous la main, vous pouvez les remplacer par des rondelles, des grains de maïs, des pois chiches ou des petits cailloux...

Après séchage complet :
Le restant de la surface en papier de soie sera rempli avec la technique dentelle (voir pp. 9 et 10).
- Couper environ 30 lamelles dans du (CD * 0,7) de 2 à 3 mm d'épaisseur.
- Décortiquer sommairement sur une face (publicités).
- Encoller abondamment pour ramollir ces bandes.
- Les tasser sur elles-mêmes avec la pointe d'un couteau.
- Presser sur la surface.

• FINITIONS

- Coller 4 coques aux 4 coins avec une perle et 3 cocos blancs.
- 3 rondelles autour d'une perle de 1,5 cm de diamètre : une au sommet et l'autre à la base du motif.
- Exécuter de la même manière les 3 autres panneaux rectangulaires.

• ASSEMBLAGE

- Prétrouer avec une grosse aiguille les hauteurs du cadre : 1 trou tous les centimètres.
- Coudre au point de croix avec de longs brins de raphia pour assembler les 4 facettes du lampion, de bas en haut.
- Terminer en tressant le raphia restant aux 4 coins de l'objet, sur une hauteur de 20 à 30 cm.
- Relier les 4 tresses en un gros nœud et former une cocarde pour l'accrochage.
- Ajouter aux 4 coins de la base des petites perles en goutte ou des coquillages enfilés sur un fil de nylon.
- Accrocher autour d'une ampoule.

Corbeille de fruits (★★★)

MATÉRIEL DE BASE

- 12 petits galets ronds et plats
- 8 petites fleurs en plastique transparent
- 3 petits calots de glands
- (CD * 0,7)
- (FC épaisse) simple
- (CD * 0,5)
- (FC fine) naturelle
- (FC fine) blanche

• 1re ÉTAPE : LE SOCLE

- Couper un cercle de 7,5 cm de diamètre dans du (CD * 0,7).
- Entourer ce cercle d'une vaguelette de 7 mm d'épaisseur.

• 2e ÉTAPE : LE FOND DE LA CORBEILLE

- Couper deux cercles de 14 cm de diamètre : l'un dans du (CD * 0,7), l'autre dans une (FC fine) naturelle.
- Les coller l'un sur l'autre.
- Coller le fond de la corbeille sur le socle (FC fine), vers l'extérieur.
- Retourner.

• 3e ÉTAPE : RÉALISATION DU MOTIF DU FOND

- Marquer le centre du cercle de 14 cm de diamètre, côté lisse.

- Confectionner 1 rondelle de 5 cm de diamètre comme suit :
• 6 tours de (FC fine) naturelle ;
• 5 tours de (FC fine) blanche ;
• 2 tours de (CD * 0,5) de 3 mm d'épaisseur.
- La coller au centre du fond B.
- Coller 8 galets alternés avec 8 fleurs autour de la rondelle centrale, et un galet au centre.
- Continuer comme suit :
• 1 tour ondulations de (CD * 0,5) de 5 mm d'épaisseur ;
• 6 tours de (FC fine) blanche de 3 mm d'épaisseur ;
• 2 tours ondulations de (CD * 0,5) de 3 mm d'épaisseur ;
• 1 tour languettes vaguelettes dans du (CD * 0,5) de 5 mm d'épaisseur.

• 4ᵉ ÉTAPE : LE CORPS DE LA CORBEILLE

NB : Si vous ne trouvez pas de feuille de carton épaisse, vous pouvez utiliser du carton simple de 5 mm d'épaisseur mais il faudra le décortiquer.

- Couper des bandes dans la (FC épaisse) de 1 cm de large (environ 30 à 35 bandes de 40 cm).
- Coller ces bandes sur la tranche du fond de la corbeille en les décalant d'environ 0,5 cm pour former progressivement une spirale. Utiliser 1 pistolet à colle.
- Monter progressivement en gardant les ondulations du carton à l'intérieur et la partie lisse à l'extérieur.
- La corbeille de fruits présentée fait 26 cm de diamètre et 8 cm de hauteur. Pour cela il faut une quinzaine de tours de (FC épaisse).

• 5ᵉ ÉTAPE : LE REBORD DE LA CORBEILLE

Selon le croquis ci-dessous :
- Tracer et évider un cercle de 26 cm de diamètre dans du (CS * 0,5).
- Dessiner et couper 8 ou 9 pétales (les bosses : 6 cm ; les creux : 2 cm).
- Sur la tranche extérieure des pétales et sur la tranche intérieure du cercle, coller une bande vaguelettes dans du (CD * 0,5).
- Bien laisser sécher.
- Combler la surface de cette pièce D avec la technique dentelle.

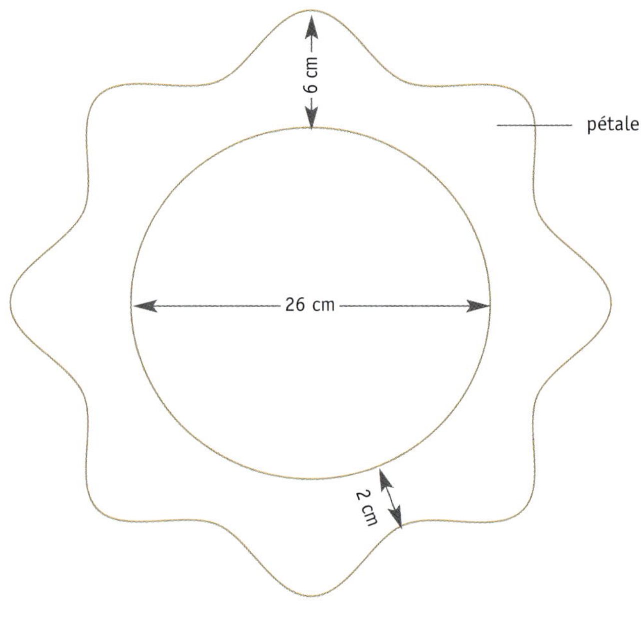

• 6e ÉTAPE : MONTAGE

Utiliser de la colle contact.

- Coller le rebord sur le corps de la corbeille.

Facultatif

Décorer chaque pétale des bords de la corbeille d'une rondelle ou d'un galet et d'un calot de gland.

Sac (★★★)

MATÉRIEL DE BASE

- (CD * 0,7)
- (FC fine) naturelle
- 1 coquillage, ici une oreille de Vénus
- Des perles blanches
- Écorce de platane
- Ficelle brune
- Raphia
- 1 graine d'eucalyptus pour le bouton de fermeture
- Colle contact transparente

······· pliure

—— contour à découper

▯ repère pour pose de la poignée

◯ motif : 6,5 cm de diamètre

• 1re ÉTAPE : LE TRACÉ

Tracer le contour du sac selon le croquis ci-dessous sur une (FC fine) naturelle de 50 x 30 cm.

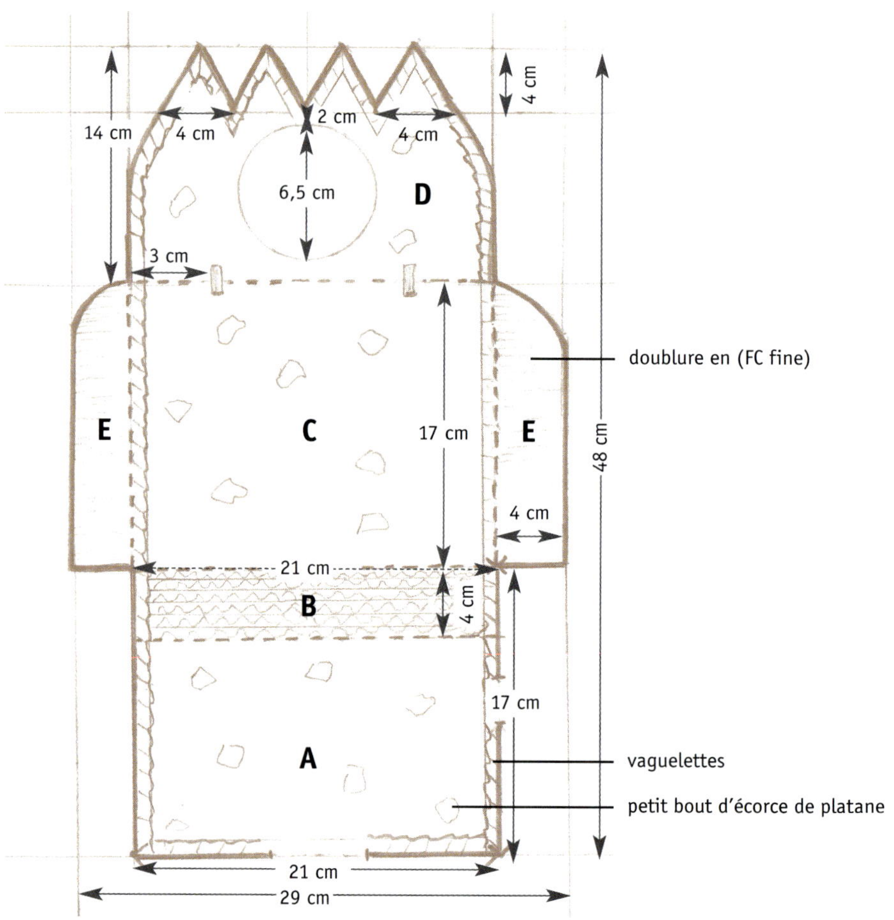

• 2e ÉTAPE

- Couper.
- Plier selon les pointillés (faire une légère trace au cutter côté ondulations pour réaliser le pliage).
- Donner forme au sac: les ondulations seront à l'intérieur, le côté lisse à l'extérieur.
- Doubler les parties E avec une (FC fine), ondulations sur l'extérieur.

• 3e ÉTAPE: CRÉATION DU MOTIF

- En utilisant du ruban adhésif papier, préparer le motif (6,5 ∅) :
• Autour d'un coquillage, enrouler des bandes de (FC fine) de 3 mm de large pour faire 1 cercle d'environ 4 cm de diamètre.
- Puis,
• 1 tour de perles,
• 1 tour de (CD * 0,5)
• et 3 ou 4 tours de (FC fine).
- Coller sur le rabat au centre.

• 4e ÉTAPE

- Cerner le contour du sac avec une bande vaguelettes de 7 mm de large dans du (CD * 0,7).
- Maintenir au ruban adhésif de masquage pour le séchage.

• 5e ÉTAPE

- Couvrir la partie B (base du sac) avec 6 bandelettes ondulations de 3 mm de large dans du (CD * 0,7) collées côte à côte.

• 6e ÉTAPE

Sur le sac à plat, coller avec un pistolet à colle des petits bouts d'écorce de platane disséminés sur les surfaces A, C et D.

• 7e ÉTAPE

- Combler le restant de la surface en technique dentelle avec du (CD * 0,7) de 2 à 3 mm de large.
- Sécher.
- Reformer le sac selon les pliures.
- Coller à la colle contact.
- Maintenir la forme avec du ruban adhésif.

• 8e ÉTAPE : LA POIGNÉE DU SAC

- Couper 4 bandes de (CD * 0,7) d'environ 28 cm de long :
  • 2 de 7 mm de large (vaguelette),
  • 2 de 1 cm de large (ondulation).
- Décortiquer la vaguelette des 2 côtés, l'ondulation d'un seul côté.
- Coller comme suit et donner une forme arrondie.

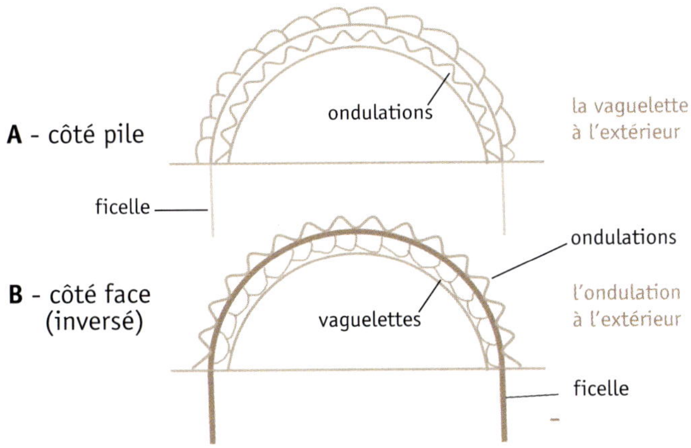

Coller entre les pièces A et B une ficelle en gardant 10 cm à l'extérieur (colle contact).

- Fixer la poignée en enfilant la ficelle à 5 cm du bord à l'aide d'une aiguille à canevas (voir croquis pour les repères pour la pose de la poignée). Faire un nœud solide à l'intérieur du sac.
- Un point de colle contact entre la poignée et le rabat du sac solidifie le tout.

• FINITIONS

- Coller les bords des parties E contre les parties A et B.
- Bourrer l'intérieur d'un chiffon humide et laisser sécher 24 heures.

Fermeture :

- Coller la graine d'eucalyptus sur le milieu de la partie A.
- Enfiler un brin de raphia dans une rondelle sous le motif du rabat et faire 1 boucle que l'on enfile sur la graine d'eucalyptus pour fermer le sac.

MATÉRIEL DE BASE

- Papier de soie
- (CD * 0,7)
- (CS * 0,5)
- (FC fine) naturelle
- (FC épaisse) naturelle
- Cocos blancs
- Perles blanches nacrées
- 3 grosses perles blanches
- 16 koris ou autres coquillages ronds
- 1 gros coquillage

Applique murale (★★★)

• 1re ÉTAPE : PRÉPARATION DU SUPPORT

- Préparer et encoller une triple épaisseur de feuilles de papier de soie avec de la résine PVA.
- Laissez sécher.
- En suivant le croquis, tracer la pièce A au crayon dans un rectangle de 50 x 40 cm.
- Tracer les pièces B dans 2 rectangles de 50 x 25 cm.

Couper les 3 rectangles pour garder de la marge. Couper l'excédent de papier lorsque les pièces seront terminées et sèches.

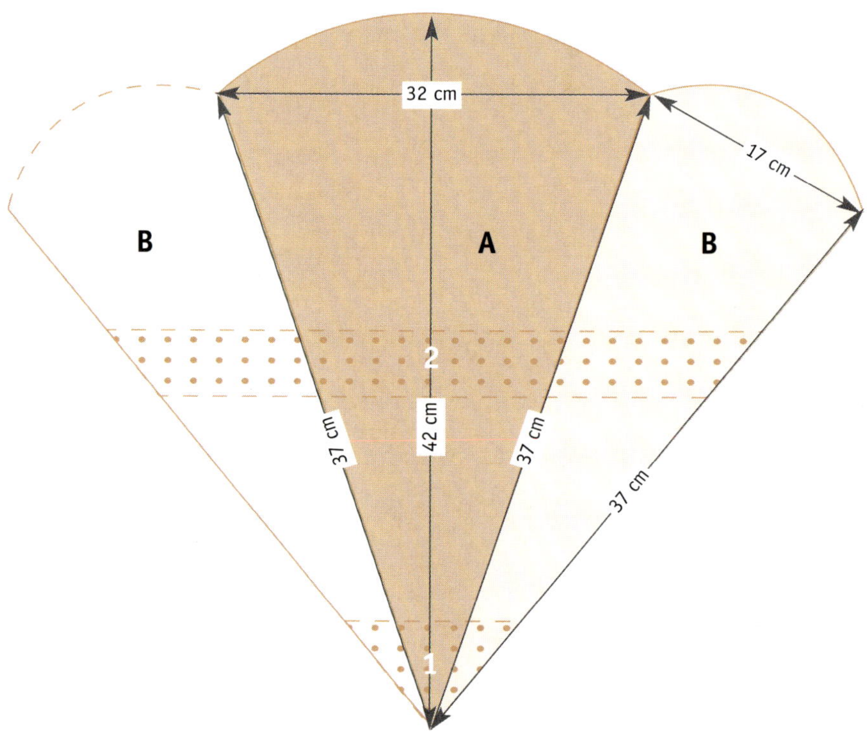

• 2e ÉTAPE : PIÈCE A CENTRALE

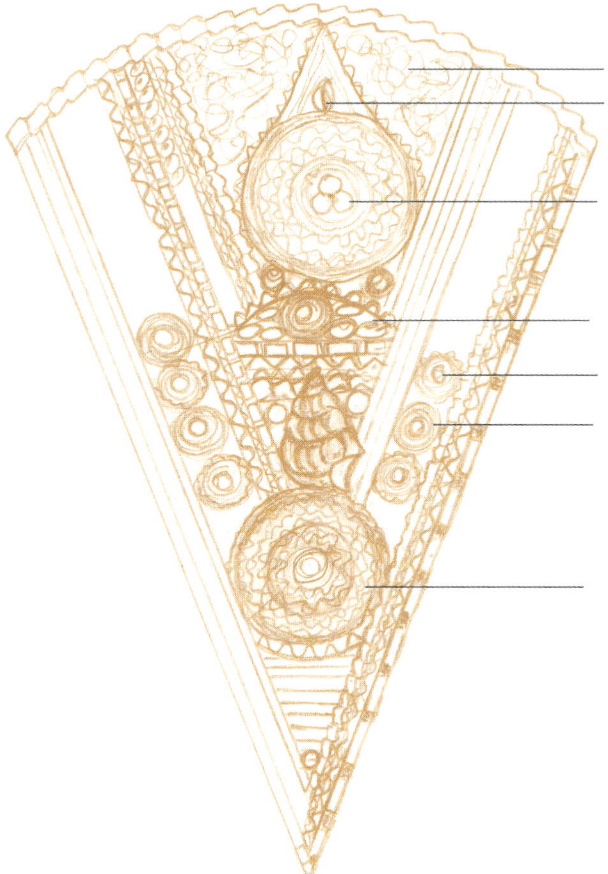

- Fixer au ruban adhésif de masquage sur la table de travail, la pièce de papier de soie correspondant à la pièce A.
- Coller une bande vaguelettes de 8 mm de large dans du (CD * 0,7) en arrondi au sommet du triangle.
- Sur les bords externes du triangle, de l'extérieur vers l'intérieur, coller 3 bandes d'environ 36 cm de long dans du (CD * 0,7) :

• 1 bande languettes de 7 mm de largeur ;
• 1 bande ondulations de 7 mm de largeur ;
• 1 bande vaguelettes de 3 mm de largeur.

- Travailler maintenant sur l'horizontal et de bas en haut.
- Coller un petit triangle de 5 x 5 x 3,5 cm coupé dans (FC moyenne) à la base de la pièce A.
- Créer dans (CS * 0,5) une petite courbe concave qui servira à accueillir une rondelle et coller juste au-dessus du triangle de base.
- Confectionner 1 rondelle de 5 cm de diamètre autour d'une perle blanche :

• 6 tours de (FC * fine) de 0,3 de largeur ;
• 3 tours de (CD * 0,5) de 0,3 de largeur.

- Reprendre le travail sur la verticale et le long des côtés latéraux du triangle de la pièce A.

• 28 rondelles en (FC * fine) naturelle autour d'une perle d'un diamètre de 1,7 cm seront collées le long des côtés du triangle et jusqu'à l'arrondi du sommet (14 sur le bord droit, 14 sur le bord gauche).

- Créer un couloir pour ces rondelles en collant à la suite et de chaque côté :

• 1 bande ondulations (CD * 0,7) de 3 mm de largeur ;
• 1 bande languettes (CD * 0,7) de 5 mm largeur ;

- Reprendre le travail sur l'horizontal et de bas en haut. Couper 8 bandes dans du (CD * 0,7) adaptées au bord du triangle :

• 1 bande vaguelettes • 1 bande ondulations
• 1 bande languettes • 2 bandes ondulations
• 1 bande vaguelettes • 1 bande ondulations
• 1 bande languettes.

NB: Les trois premières bandes sont collées entre elles. Les deux suivantes sont espacées et laissent un jour. Les trois dernières sont collées entre elles.

- Former une courbe convexe dans du (CS * 0,5) et poser 1 rondelle autour d'une perle de 1,5 cm de diamètre. 3 koris sur la tranche de chaque côté seront collés pour le décor.

Reprendre dans le sens vertical et sur les 2 bords :
- 1 bande de (CS * 0,5) ondulations ; 1 rangée de haricots blancs (environ 22 pour un côté) ;

Reprendre le travail dans le sens vertical et sur les 2 bords :

• 1 bande ondulations (CS * 0,5) de 0,5 de largeur ;
• 1 bande de cocos blans (environ 22 par côtés) ;
• 1 bande ondulations (CS * 0,7) de 0,5 de largeur ;
• 1 bande vaguelettes (CS * 0,7) de 0,5 de largeur ;

- 2 rondelles seront collées aux coins inférieurs de la surface restante.

• 3e ÉTAPE : CRÉATION DU MOTIF GOUTTE

- Sur du ruban adhésif avec 1 rondelle de 8,5 cm de diamètre, placer :

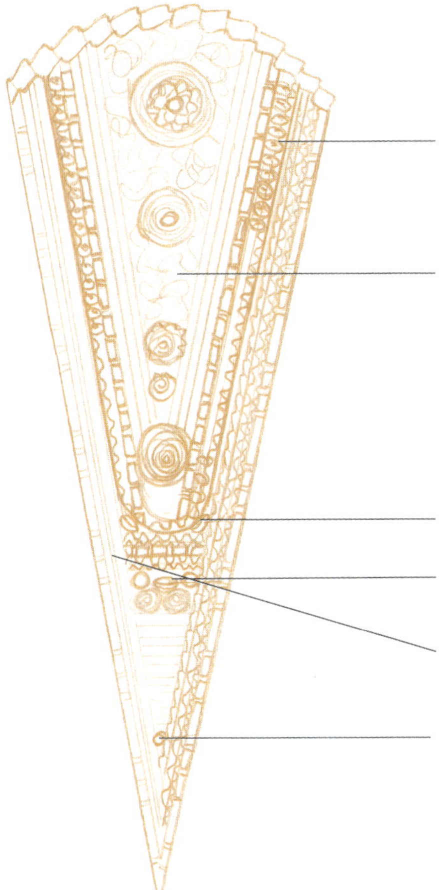

• 3 grosses perles ;
• 7 tours de (CS * 0,5) de 0,5 cm de largeur;
• 3 tours dans de la (FC fine) de 0,5 cm de largeur ;
- Former la goutte autour de la rondelle :
• 1 bande de (CS * 0,5) de 0,5 cm de largeur et 14 cm de longueur placé en forme de goutte ;
• Le haut de la goutte sera comblé par de petites bandes ondulations de (CS * 0,5).
- Reprendre le travail de haut en bas depuis la vaguelette qui forme le sommet de la pièce A.
• 1 bande ondulations de (CD * 0,7) de 0,8 cm de largeur ;
• 1 bande vaguelettes (CD * 0,7) de 0,8 cm de largeur ;
• 1 bande ondulations(CD * 0,7) de 0,8 cm de largeur.
- Une fois bien sec, finir en comblant avec la technique dentelle la surface restante.

Finir la la pièce A en comblant la surface restante avec la technique dentelle.

• 4e ÉTAPE : PIÈCES B

Procéder de la même manière que pour la pièce A.

- 1 vaguelette 0,8 cm en arrondi au sommet du triangle ;
- Sur la verticale et les bords externes :
• 1 bande languettes • 1 bande ondulations
• 1 bande vaguelette.
- 1 triangle à la base de 6 x 6 x 3 cm.
- Travailler ensuite sur l'horizontal et de bas en haut (voir dessin).
- 2 rondelles de 1,5 cm de diamètre dans du (CS * 0,5) sont collées au-dessus du triangle.
- 2 grosses perles de chaque côté d'un kori.
- 3 bandes horizontales :
• 1 bande ondulations (CD * 0,7) de 0,5 cm de largeur ;
• 1 bande languettes (CD * 0,7) de 0,5 cm de largeur ;
• 1 bande ondulations (CD * 0,7) de 0,5 cm de largeur.
- Créer une courbe concave qui accueille 1 rondelle de 5 cm de diamètre :
• 5 tours de (FC * moyenne) • 6 tours de (FC * fine).

- Reprendre dans le sens vertical et sur les 2 bords :
• 1 bande languettes (CD * 0,7) de 0,5 cm de largeur ;
• 1 bande ondulations (CD * 0,7) de 0,5 cm de largeur ;
• 1 bande vaguelettes (CD * 0,7) de 0,5 cm de largeur ;

- Puis, à partir de la vaguelette arrondie du sommet :
• 1 bande ondulations • 1 bande vaguelettes
• 1 bande ondulations ;

• MONTAGE

Selon le croquis p. 56 :
- Couper 2 parallélépipèdes de 40 x 30 cm et biseautés dans du (CD * 0,7). Coller l'un sur l'autre pour doubler l'épaisseur.
- Couper 1 triangle équilatéral de 10 cm.
• Assembler les pièces A - B - B à la colle contact.
• Coller le parallélépipède et le triangle comme indiqué sur le croquis pour fixer et renforcer le tout.

La barre de carton servira à l'accrochage.
Bien vérifier que l'ampoule n'a aucun contact avec le mur ou l'applique.

MATÉRIEL DE BASE

- (CS * 0,5)
- 1 compas
- (CD * 0,7)
- (CD * 0,5)
- Maïs
- Graines de melon
- (FC fine) naturelle et blanche
- Perles blanches nacrées
- 1 miroir

Miroir rosace maïs (★★★)

• 1RE ÉTAPE : TRACÉ INITIAL

Le tracé ci-dessous sera effectué sur un carré de (CS * 0,5) de 50 cm de côté. Tracer un carré de 18 x 18 cm (correspondant aux dimensions du miroir). Tracer les diagonales et les médianes et un cercle autour du carré.

- Tracer les grands pétales en pointant le compas sur les médianes à 1 cm en dehors du cercle.
- Tracer les petits pétales en pointant le compas sur les diagonales à 2 cm à l'intérieur du cercle.

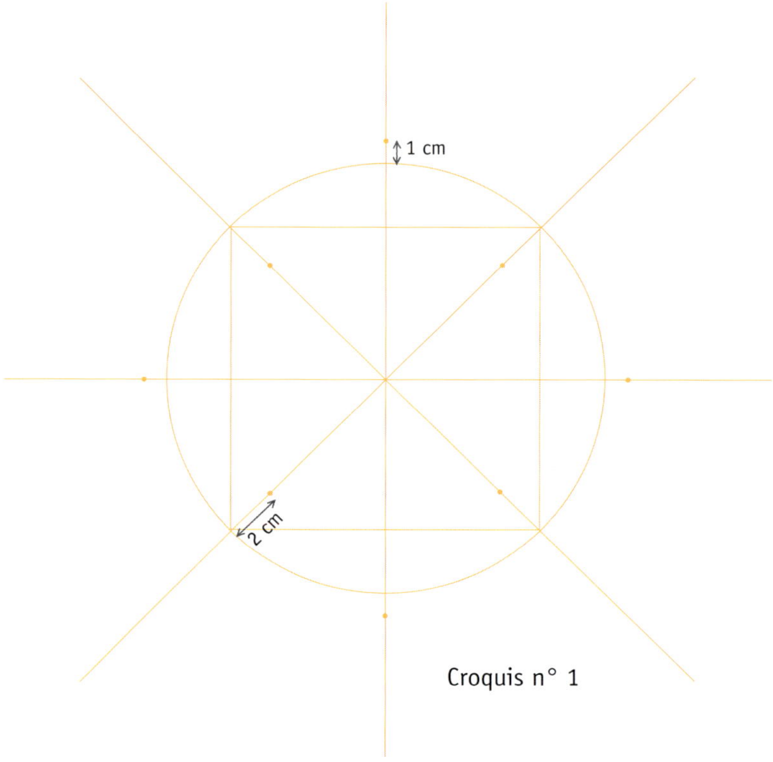

Croquis n° 1

• 2ᵉ ÉTAPE : TRACÉ DES PÉTALES

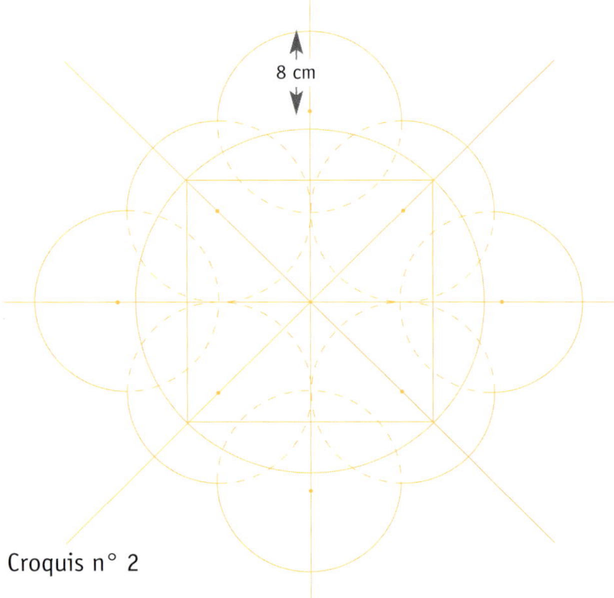

Croquis n° 2

- Découper 3 rosaces :

N° 1 : 1 pleine dans du (CS * 0,5) avec un trou d'accrochage dans un grand pétale (voir croquis n° 1).

N° 2 : 1 dans du (CS * 0,5) avec un trou. Évider l'emplacement du miroir (18 x 18 cm).

N° 3 : 1 évidée dans une (FC fine) blanche qui servira à doubler la rosace précédente. Évider l'emplacement du miroir (voir croquis n° 3).

- Coller le miroir dans son emplacement et le fixer à l'arrière avec du ruban adhésif large tissé. Protéger le miroir pour éviter les taches de colle.
- Enfiler dans le trou une cocarde de raphia tressé et fixer l'accroche avec du ruban adhésif.

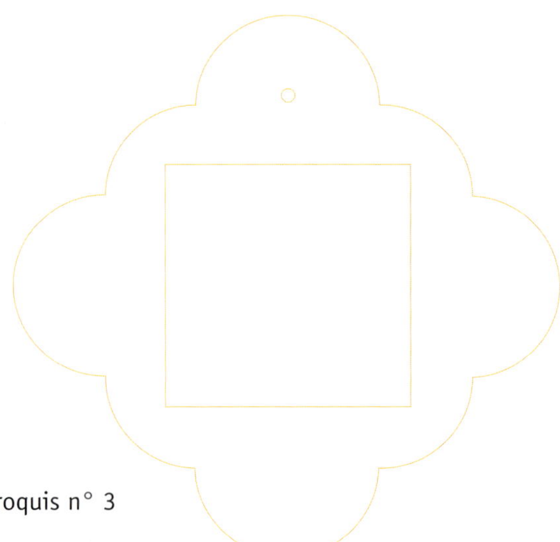

Croquis n° 3

- Encoller les 3 pièces à la résine PVA.
- Maintenir le tout avec du ruban adhésif papier.

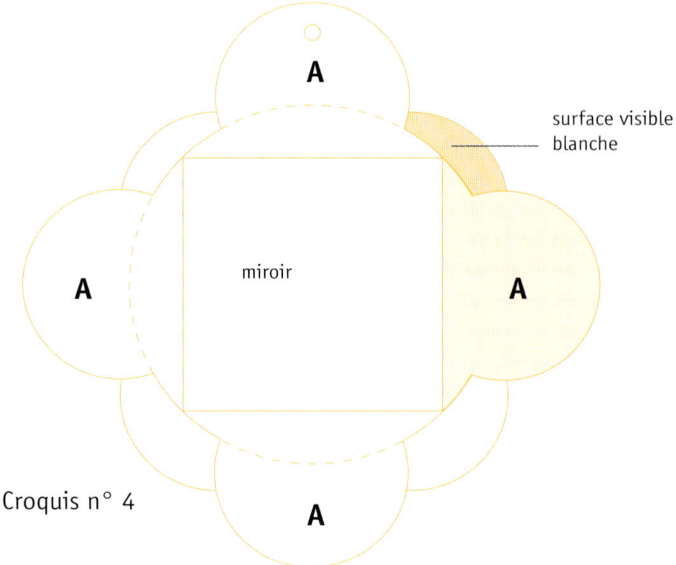

Croquis n° 4

- Presser avec un dictionnaire qui servira de poids.

• 3ᵉ ÉTAPE

- Une quatrième rosace à la découpe des 4 pièces A (voir croquis n° 4).
- Coller sur la surface blanche les 4 pièces A pour créer un relief.
- Un cercle évidé de l'emplacement du miroir servira à la découpe des 4 pièces B ; elles seront collées à l'emplacement montré sur le croquis n° 5.

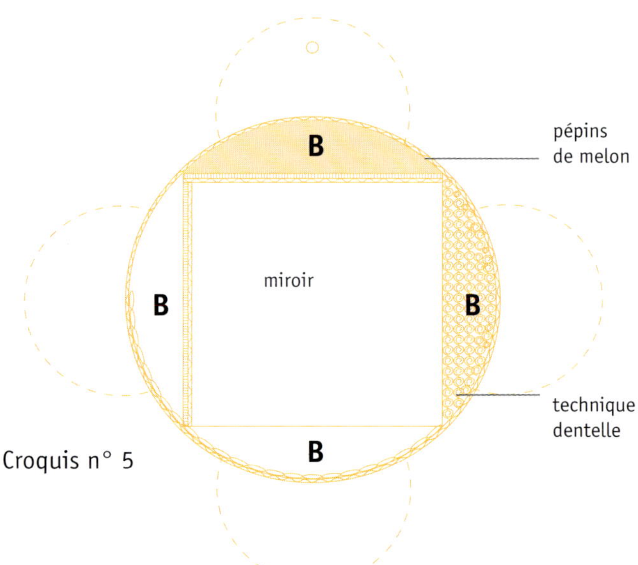

Croquis n° 5

- Protéger le miroir avec un papier pour éviter les taches de colle.
- Tout autour de ce cercle en relief, coller une bande ondulations dans du (CD * 0,7) de 1,5 cm de large (voir photo p. 61)
- Marquer le cercle avec une rangée de pépins de melon (voir croquis n° 5).
- Encadrer le miroir carré avec :
• 1 bande ondulations dans du (CD * 0,5) ;
• 1 bande vaguelettes dans (CD * 0,5).
- Laisser sécher.`
- Combler les pièces B avec la technique dentelle avec du (CD * 0,7) de 0,3 cm d'épaisseur.

• 4e ÉTAPE : LES GRANDS PÉTALES

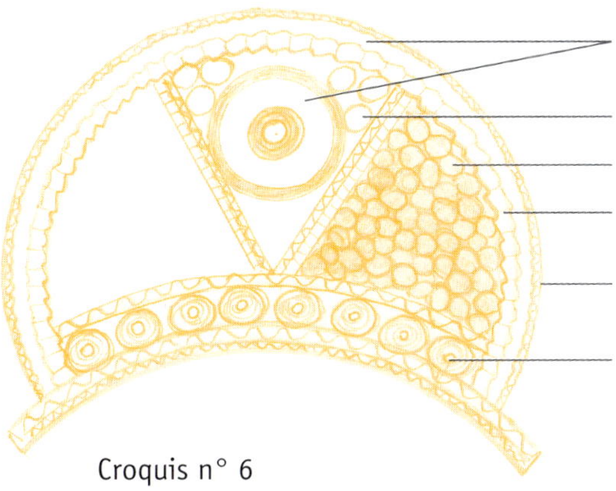

Croquis n° 6

- Commencer le travail par le bord externe du pétale :
• 1 bande de (CD * 0,5) ondulations de 7mm de large ;
• 3 bandes de (FC fine) blanches de 7 mm de large ;
• 1 bande de (CD * 0,7) vaguelette de 1 cm de large.
- Fixer 8 rondelles (4 blanches, 4 naturelles) entourant une graine de maïs autour du cercle central et collées avec 1 bande ondulations (CS * 0,7) (voir croquis n° 6 et photo p. 61).
- Créer le triangle supérieur avec :
• 1 bande vaguelettes de (CD * 0,5) de 5 mm de large ;
• 1 bande ondulation de (CD * 0,5) de 5 mm de large.
- Coller au centre du triangle une rondelle de 4 cm de diamètre autour d'une perle avec la (FC fine) :
• 6 tours de naturel ;
• 8 tours de blanc ;
• 3 tours de naturel.
- Coller 3 grosses perles dans les 2 coins restants.
- Combler les triangles latéraux avec des grains de maïs en les enduisant abondamment de PVA.
- Replacer avec une pointe de couteau la petite mèche blanche du grain de maïs vers le fond pour ne garder visible que le jaune vif.

• 5e ÉTAPE : LES PETITS PÉTALES

Sur la surface blanche des petits pétales, coller le long du cercle central, 4 rondelles autour d'un grain de maïs en alternant 1 blanche et 1 naturelle.
- Cerner avec une bande ondulations de (CS * 0,5).
- Former 1 petite fleur au centre du pétale avec 1 grain de maïs et 5 pépins de melon.

• FINITIONS

Sur la tranche du miroir et tout autour :
• 1 bande d'environ 1 cm de large, coupée en languettes dans du (CD * 0,7) sera collée tout autour du miroir.
- 8 petites rondelles naturelles souligneront les coins des petits pétales (voir photo p. 61).

Table des matières